LE TRAVAIL.

DISCOURS.

LE TRAVAIL.

DISCOURS

A L'OCCASION DE LA MORT DE

MADAME VENIARD ET DE MADEMOISELLE ADELINE GAUTIER,

Prononcé le 20 Avril 1845,

DANS LA CHAPELLE DE CAEN ET DANS LE TEMPLE DE PÉRIERS,

par

PIERRE LUCAS,

MINISTRE DU SAINT ÉVANGILE.

PARIS,

CHEZ DELAY, RUE TRONCHET, N° 2.

LONDRES,

MASON, 14, CITY-ROAD.

1845.

LE TRAVAIL.

DISCOURS.

> « Pendant qu'il est jour, il me faut faire
> » les œuvres de celui qui m'a envoyé, car la
> » nuit vient, dans laquelle personne ne peut
> » travailler. » (Jean IX, 4)

Mes bien-aimés Frères en Jésus-Christ,

L'usage de tous nos sens et de toutes nos facultés, est une faveur que nous ne pourrons jamais apprécier à sa juste valeur; pour que nous pussions en avoir une idée juste, il faudrait que nous en eussions été privés. Si nous entendions sagement nos intérêts, si nous comprenions les choses qui appartiennent à notre paix présente et à notre bonheur futur, si nous pensions à notre grande et immortelle destinée, ce serait assez pour nous porter à aimer et à servir notre souverain bienfaiteur. Quand nous parcourons, avec attention, la vie de Jésus-Christ, pendant son séjour sur la terre, nous sommes remplis d'admiration et frappés d'étonnement. Quelle sublimité dans ses idées! quelle noblesse dans ses sentiments! quelle énergie dans ses expressions! quel éclat dans ses miracles! quel désintéressement dans toute sa vie! quelle obéissance à Dieu son Père! quelle patience dans les injures et les outrages! quel dévouement dans son ministère! quel zèle pour le salut des ames! quelle compassion pour les pécheurs! quelle promptitude à secourir les malheureux! rien ne lui était ni trop cher, ni trop difficile, pourvu qu'il pût accomplir la tâche que Dieu lui avait donnée à faire.

Dans le commencement du chapitre d'où le texte est tiré, nous avons le récit d'un miracle opéré par le pouvoir de Notre-Seigneur. « Et comme Jésus passait, il vit un homme aveugle dès sa naissance (1). » Dans le chapitre précédent, nous avons la fameuse conférence qu'il eut avec les Pharisiens. Et comme il leur montrait leur ignorance et leur prouvait son éternité, les Juifs, présomptueux, se trouvèrent offensés, prirent des pierres et les lui jetèrent (2). Jésus sortit du Temple, passant à travers la foule; et comme il s'en allait, « il vit un homme aveu-

<hr>

(1) Jean IX, 1. (2) Jean VIII, 58, 59.

gle dès sa naissance. » Vous voyez ici, bien-aimés Frères,
la compassion, la prodigieuse « charité de Notre-Seigneur
Jésus-Christ qui, étant riche, s'est fait pauvre pour vous,
afin que par sa pauvreté vous fussiez rendus riches (1). »
Bien qu'il eût été chassé par les Juifs, il voulait encore
opérer parmi eux des guérisons. Il ne rendait pas « œil
pour œil, et dent pour dent (2). » Il vit cet homme aveugle « dès sa naissance, » qui n'avait jamais pu, ni distinguer
les couleurs, ni jouir de la lumière, ni apercevoir le
changement des saisons, ni comprendre la joie des phy-
sionomies. Il y a des hommes qui sont, nous le savons,
aveugles par accident ; mais celui dont le texte parle,
l'était « dès sa naissance. » Jésus le regarda ; heureux
regard ! consolant regard ! doux regard ! regard salutaire !
puisqu'il devait effectuer une si miraculeuse guérison ;
nous disons miraculeuse, car jamais nous n'avons entendu
que les plus habiles médecins aient pu rendre la vue à
ceux qui sont nés aveugles. Jésus-Christ, en guérissant
cet homme, donnait des preuves irréfutables de sa divi-
nité, et montrait, de la manière la plus évidente, qu'il
était le Tout-Puissant.

Les disciples voyant cet homme aveugle, adressèrent
à leur divin Maître une question aussi curieuse que dé-
placée ; la voici : « Maître, qui est-ce qui a péché : est-ce
cet homme, ou son père, ou sa mère, pour qu'il soit
ainsi né aveugle (3) ? » Elle peut impliquer quelques-unes

(1) II. Cor. VIII, 9. (2) Matth. V, 38. (3) Jean IX, 2.

des idées suivantes : Que le péché est la source de toutes les peines et les calamités que nous éprouvons. — Qu'il y a des péchés personnels, qui peuvent attirer des afflic- tions particulières, et que les enfants peuvent souffrir pour les péchés de leurs parents. — Que les souffrances d'une personne n'ont pas d'autre cause que le péché. Cela peut être vrai dans un sens, mais il ne doit pas être pris pour une règle générale. Enfin, la question que les dis- ciples firent à l'égard de l'homme aveugle, suppose qu'ils croyaient à la « métempsychose, » à la « préexistence, » à la « transmigration » des ames. Il paraît que les idées de Pythagore s'étaient glissées parmi les Pharisiens, et que plusieurs rabbins les avaient adoptées ; il est vrai- semblable que les disciples se trouvaient infectés de cette doctrine, quand ils demandèrent à Jésus-Christ : « Maître, qui est-ce qui a péché : est-ce cet homme, ou son père, ou sa mère, qu'il soit ainsi né aveugle ? » Tout cela nous prouve, bien-aimés Frères, la pernicieuse influence qu'une mauvaise doctrine peut avoir sur nous, et le dan- ger où nous sommes de nous laisser entraîner par des hommes qui se plaisent à séduire les ames d'une manière artificieuse. De là ces avertissements : « Eprouvez toutes choses, et retenez ce qui est bon (1). » « Mes bien-aimés, ne croyez pas à tout esprit, mais éprouvez les esprits, pour savoir s'ils viennent de Dieu ; car plusieurs faux prophètes sont venus dans le monde (2). »

(1) Thessalo. V, 21.   (2) Jean IV. 1.

Jésus-Christ ne cherche pas à discuter avec ses dis—
ciples sur la métempsychose ; mais il répond directement
à leur question en leur disant : « Ce n'est point qu'il ait
péché, ni son père, ni sa mère ; mais c'est afin que les
œuvres de Dieu soient manifestées en lui (1). » Cette
réponse ne doit pas être prise dans un sens absolu, comme
si Jésus-Christ eût voulu dire que ni cet homme, ni ses
parents, n'étaient pas nés dans le péché ; ils avaient tous
péché, et leurs péchés étaient assez grands, assez nom-
breux, pour les priver de la vue et les plonger dans les
ténèbres. Mais Jésus-Christ, en disant : « Ce n'est pas
qu'il ait péché, ni son père, ni sa mère, » voulait faire
comprendre aux disciples, que leurs pensées étaient er-
ronnées ; que l'ame de cet homme n'avait pas été dans un
autre corps, et que son aveuglement ne lui était pas sur-
venu à cause des péchés qu'il avait commis dans une autre
existence ; enfin, que ce n'était pas un péché personnel,
ni particulier, qui lui avait attiré son aveuglement, mais
que c'était « afin que les œuvres de Dieu fussent manifestées en lui. » Ensuite viennent les paroles du texte :
« Pendant qu'il est jour, il me faut faire les œuvres de
celui qui m'a envoyé ; la nuit vient, dans laquelle personne ne peut travailler. »

En méditant sur ces paroles, nous examinerons :

Premièrement, l'œuvre que Jésus-Christ avait à faire
sur la terre, ainsi que celle de tous les hommes ; et,

1) Jean IX. 3.

Secondement, le temps assigné pour faire cette œuvre, « le jour. »

Premièrement, examinons l'œuvre que Jésus-Christ avait à faire sur la terre, ainsi que celle de tous les hommes.

« Pendant qu'il est jour, il me faut faire l'œuvre de celui qui m'a envoyé. » Quelle était, demandons-nous, l'œuvre que Jésus-Christ avait à faire dans ce monde ? C'était d'instruire et d'éclairer les hommes, plongés dans les ténèbres et couchés dans les régions de l'ombre de la mort. Il le fit aussi longtemps qu'il parcourut le sol de cette vie ; il saisissait toutes les opportunités possibles pour enseigner tous ceux qui voulaient l'entendre. Sa manière était simple, claire, sans affectation, sans ambiguïté ni équivoque. La doctrine de Jésus-Christ est des plus belles ; elle est inimitable et infaillible dans tous ses points ; aussi elle trouvait le chemin des cœurs, même des cœurs de ses plus grands antagonistes, ce qui les forçait de s'écrier, dans leur surprise, en disant : « Jamais homme n'a parlé comme cet homme. » L'œuvre que le Seigneur avait à faire, c'était de produire, parmi les Juifs, une révolution morale ; pour qu'il en fût ainsi, il fallait qu'il abolît toutes les cérémonies juives, qu'il mit fin à leur longue série de sacrifices, qu'on avait pratiqués depuis plusieurs siècles. Voilà ce que les Juifs ne voulurent jamais comprendre, et parce qu'ils ne le voulurent pas, ils le repoussèrent, le méprisèrent, le crucifièrent. Enfin, mes bien-aimés Frères, l'œuvre que Jésus-Christ avait à faire, était de la plus haute importance ; c'est ce que l'œil n'avait jamais vu, ce que l'oreille n'avait jamais entendu, ce qui n'avait jamais monté au cœur de l'homme. Il était non-seulement au-dessus de l'homme, mais aussi des anges, car les intelligences du premier ordre n'en avaient pas une plus grande connaissance que nous. Il ne fut jamais conçu un dessein ni plus grand, ni plus sublime : sauver un monde plongé dans l'abîme du vice et de l'ignorance ; détruire le règne de l'erreur et du crime, établi sur plus de quatre mille ans d'existence, et sur le consentement du monde entier ; joindre le ciel à la terre par l'union de Dieu avec l'homme ; faire descendre Dieu jusqu'à la condition de l'homme ; faire monter l'homme jusqu'à la dignité de Dieu ; apaiser la colère du ciel justement irrité ; lui fournir une victime infinie qui tient la place de tous les criminels ; ouvrir les cieux, fermés au genre humain ; rompre les barrières de la mort ; rassembler les cendres éparses dans tout l'univers : voilà, bien-aimés Frères, l'œuvre que Jésus-Christ avait à faire ; elle demandait, elle exigeait impérieusement le sacrifice de sa propre vie ; elle n'a été achevée que lorsqu'il a prononcé ces remarquables paroles : « Tout est accompli. » Il ne l'ignorait pas quand il fit entendre les paroles du texte : « Pendant qu'il est jour, il me faut faire les œuvres de celui qui m'a envoyé ; car la nuit vient, dans laquelle personne ne peut travailler. »

Comme Jésus-Christ avait une œuvre à faire dans ce monde, il y en a aussi une pour tous les êtres rationnels, intelligents et libres. Les ministres de Jésus - Christ, ainsi que tous les hommes, peuvent bien prendre le langage du texte, et dire : « Pendant qu'il est jour, il me faut faire les œuvres de celui qui m'a envoyé. » Si la tâche du Seigneur était, comme nous l'avons vu, des plus graves, celle du ministre chrétien l'est aussi, bien qu'il n'ait pas à donner sa vie pour racheter les ames, il doit leur annoncer la bonne nouvelle du salut, l'éternelle vérité, par laquelle elles peuvent être amenées au chemin de la vie. Faut-il s'étonner s'il tremble à la pensée de sa charge, en s'écriant souvent: « Qui est suffisant pour ces choses! » Quel besoin n'a-t-il pas de faire son œuvre pendant qu'il est jour, puisque « la nuit vient, dans laquelle personne ne peut travailler? » Mais si l'ambassadeur du Christ a une tâche à remplir, les chrétiens en ont aussi une; c'est ici-bas qu'ils doivent semer, l'éternité sera la moisson; c'est ici–bas qu'ils doivent être « la lumière du monde, et le sel de la terre (1) ; » c'est ici-bas qu'ils doivent être comme des flambeaux dans le monde, portant devant eux la bonne parole de vie (2) ; » c'est ici-bas qu'ils doivent travailler à « s'amasser ainsi, pour l'avenir, un trésor placé sur un bon fonds, afin d'obtenir la vie éternelle (3) ; » enfin, c'est dans ce monde qu'ils doivent être, non pas les accusateurs de l'Evangile, comme cela

(1) Matth. V, 13, 14. (2. Philipp. II, 15. 3. II Timoth. VI, 13.

arrive trop souvent, mais les témoins vivants de la vérité qui peut seule libérer les ames captives.

Tous les hommes, quels qu'ils soient, riches ou pauvres, savants ou ignorants, philosophes ou idiots, ont une œuvre à faire dans ce monde; et s'ils voulaient racheter le temps, s'ils voulaient devenir intelligents, ils diraient tous avec Jésus-Christ : « Pendant qu'il est jour, il me faut faire les œuvres de celui qui m'a envoyé, la nuit vient, dans laquelle personne ne peut travailler. »

La grande œuvre à laquelle nous devons tous travailler, dans ce monde, c'est le salut de nos âmes (1); il comprend trois choses, les voici : *La repentance, la foi, la sainteté.*

La repentance est commandée dans la sainte Écriture. « Repentez-vous (2). » « Non, vous dis-je, mais si vous ne vous repentez, vous périrez tous semblablement (3). » « Repentez-vous donc et vous convertissez, afin que vos péchés soient effacés (4). » L'homme peut-il se repentir de lui-même? non; mais il peut le faire par la grâce de Dieu. Celui qui dit: « Repentez-vous, » donne le pouvoir à l'homme de se repentir; si l'on soutient le contraire, on dit à l'instant même, que Dieu commande l'impossible; et alors, il est injuste, parce qu'il menace d'une perdition éternelle ceux qui ne se repentiront pas. Qui voudrait

(1) Philipp. II, 12.   (2) Marc, I, 15.   (3) Luc, XIII, 3, 5.
(4) Actes, III, 15.

imputer à Dieu une si criante injustice? S'il commande aux hommes de se repentir, ils peuvent le faire. D'où leur vient ce pouvoir? Peu importe; ce qu'il y a de certain, c'est qu'ils sont inexcusables s'ils ne le font pas. Cela posé, disons deux mots de la repentance; il est bien entendu que nous ne voulons pas parler d'une pénitence qui consiste dans l'abstinence de certaines viandes, dans les macérations du corps, dans les pèlerinages... L'œuvre de la repentance évangélique, implique les vérités suivantes : une connaissance du péché, produite dans nos cœurs par la lumière du Saint-Esprit; une conviction du péché, produite par la même grâce; un sincère regret d'avoir offensé Dieu; une confession fidèle de nos fautes au Seigneur, et non pas aux hommes; un abandon de nos péchés.

Telle est, bien-aimés Frères, en quelques mots, l'œuvre de la repentance; l'avons-nous faite? je demande, l'avons-nous faite? parce que c'est nous qui devons nous repentir; Dieu donne la grace de la repentance, mais il ne se repent pour personne. Voici un raisonnement, tout étrange qu'il est, qu'on entend souvent répéter: « Je » ne me suis pas repenti, parce qu. je ne puis rien faire » de moi-même; » ce qui revient à dire : Dieu ne m'a pas donné la grace pour me repentir; en d'autres termes, je n'ai pu faire l'impossible, et alors, je ne suis pas coupable. Détestables sophismes, étranges illusions! Celui qui meurt sans s'être repenti de ses fautes, sera damné. Mais pourquoi sera-t-il perdu? Pour ne s'être pas repenti (1) ; chose qu'il ne pouvait faire , ni par lui-même , ni par la grace qui lui était refusée ; si cela est vrai , il est damné pour n'avoir pas fait l'impossible. Une telle idée , nous le demandons à toutes personnes de bonne foi , qui n'ont pas de système formé à l'avance , peut-elle s'accorder avec la justice , la bonté et l'amour de Dieu ? Non , elle lui est diamétralement opposée. Si Dieu a imposé une tâche à l'homme , c'est qu'il lui donne la force de l'accomplir. Nous sommes-nous repentis ? Si nous ne l'avons pas fait , entendons-le bien , le blâme est sur notre tête , nous sommes sans excuses devant Dieu (2).

La seconde chose que l'homme doit faire , sur la terre, c'est croire en Jésus-Christ : « C'est ici la volonté de Dieu, que vous croyez en celui qu'il a envoyé. » Peut-il faire cette œuvre de lui-même ? Non , la foi est un don de Dieu ; mais si la foi est un don de Dieu , pourquoi l'homme est-il appelé à faire cette œuvre ? Pourquoi sera-t-il condamné s'il ne croit pas ? Sa condamnation est , comme nous pouvons tous nous en convaincre , formellement déclarée, comme conséquence inévitable de sa fatale incrédulité (3). Le sujet n'est embrouillé que pour ceux qui le veulent bien, qui préfèrent faire plier la parole de Dieu à leur système, plutôt que leur système à la parole de Dieu, comme cela n'arrive que trop souvent. La foi est un don de Dieu. « Celui qui ne croit pas est déjà condamné (4). »

(1) Luc XIII , 3. (2) Rom II , 4 , 9. (3) Jean III , 18. (4) *Idem.*

De deux choses, l'une : ou Dieu a offert ce don à l'homme qui ne croit pas, mais l'homme ne l'a pas voulu ; ou bien Dieu ne lui a pas offert ce don, et alors, l'homme qui ne croit pas, qui est déjà condamné, ne l'est pas à cause de son incrédulité, mais il l'est pour n'avoir pas fait l'impossible, puisqu'il ne pouvait croire, ni par lui-même, ni par la grace qui lui était refusée. Si les choses étaient telles, où serait, nous le demandons, la justice d'une semblable condamnation ? Pourrait-elle s'accorder avec les déclarations suivantes : « Car je ne prends point de plaisir à la mort de celui qui meurt, dit le Seigneur l'Éternel. Convertissez-vous donc et vivez (1). » « Jérusalem, Jérusalem, qui tue les prophètes et qui lapide ceux qui te sont envoyés, combien de fois ai-je voulu rassembler tes enfants comme une poule rassemble ses poussins sous ses ailes ; et vous ne l'avez pas voulu (2) ; » remarquons bien ces mots : « et vous ne l'avez pas voulu. » La foi est un don de Dieu, c'est-à-dire le pouvoir de croire vient de Dieu ; mais l'exercice de ce pouvoir et l'acte de croire, dépendent de l'homme ; c'est ainsi que le salut, bien qu'il soit tout par grace, est placé entre les mains des hommes, ils ne restent pas dans l'incrédulité parce que la foi est un don de Dieu, mais ils le font parce qu'ils le veulent bien, parce qu'ils aiment mieux « les ténèbres que la lumière, parce que leurs œuvres sont mauvaises (3). » C'est ainsi que le salut vient

(1) Ezéchiel XVIII, 32. (2) Matth. XXIII, 37. (3) Jean III, 19.

de Dieu, et la damnation de l'homme. « La foi, dit
» M. Burgess (1), est un don de Dieu, comme la vue, l'ouïe,
» la parole, sont des dons de Dieu ; seulement la foi étant
» un don spirituel, est plus excellente que la vue, l'ouïe et
» la parole qui sont des dons temporels. C'est une vérité
» certaine, que le pouvoir de croire est un don de Dieu ; si
» ce pouvoir ne nous était pas communiqué, nous ne
» pourrions pas plus croire, que nous ne pourrions créer
» un monde. Dieu nous donne la vue, l'ouïe, la parole ;
» mais il ne voit, ni n'entend, ni ne parle pour nous : qui
» ne sait que nous avons la liberté de fermer nos yeux pour
» ne point voir, de boucher nos oreilles pour ne point en-
» tendre, de fermer notre bouche pour ne point parler. »

Créatures spirituelles et responsables, nous avons le
terrible privilège de pouvoir ouvrir ou fermer notre cœur
à l'amour de Dieu, et par là de nous prévaloir ou de
nous exclure de cet amour, qui est le trésor du genre
humain, et l'espérance du monde entier.

Comprenons donc bien que la foi est un don de Dieu,
ainsi que le pouvoir de croire ; mais qu'il dépend de
l'homme d'exercer ce pouvoir, ou de ne pas le faire ; ce
qu'il y a de certain, c'est que Dieu ne croit pour personne ;
en commandant aux hommes de croire, il leur donne et
la force et la grace d'obéir.

Après avoir examiné en quel sens la foi est un don de
Dieu, et comment l'incrédulité de l'homme sera la cause

(1) Burgess. Sermons of Primitive Christianity, page 66.

2

de sa condamnation, il nous faut bien considérer ce que la foi au fils de Dieu comporte ; ce n'est, comprenons-le bien, ni une foi spéculative, ni une foi historique, ni une foi morte ; celle par laquelle nous sommes sauvés est plus que tout cela : elle n'est rien moins que la croyance en la vérité, l'assentiment que notre cœur donne au témoignage de Dieu, rendu dans l'Évangile, et particulièrement à cette partie qui représente la mort de Christ, comme un sacrifice expiatoire, offert à la justice divine, pour les péchés de toute la race humaine. — C'est l'assentiment de la volonté et des affections au plan du salut révélé dans l'Évangile ; ce qui suppose de notre part, une abjuration complète de notre propre justice... — C'est une croyance actuelle dans le Seigneur Jésus-Christ, et une appropriation personnelle à notre ame, du mérite de sa mort ; ce qui nous fait comprendre que la foi par laquelle nous sommes justifiés, est divine dans son origine ; présente dans ses exercices ; claire dans ses résultats. Avons-nous fait cette œuvre ? Croyons-nous au fils de Dieu ? Montrons-nous notre foi par nos œuvres (1) ? Celle que nous avons, est-elle opérante par la charité ? Examinons et jugeons.

Une troisième œuvre, qui n'est pas moins importante que celles que nous avons déjà indiquées, c'est la sainteté. Nous disons que cette œuvre nous est imposée, et que nous devons y travailler comme étant « ouvriers avec

____

(1) Jacques II, 18.

Dieu (1). » Les expressions sainteté, perfection, sanctification, se trouvent plus de soixante fois dans le nouveau
Testament ; tous ces mots ne sont pas sans signification ;
la sainteté nous est positivement commandée dans la sainte
Écriture ; laissons-la parler : « Soyez saints, car je suis
saint. » « Soyez donc parfaits, comme votre Père, qui est
dans les cieux, est parfait (2). » « Sans la sanctification,
nul ne verra le Seigneur (3). » « C'est ici la volonté de
Dieu, *savoir*, notre sanctification (4). » « Rien d'impur
ni de souillé n'entrera dans la sainte cité (5), » « car Dieu
ne nous a point appelés à la souillure, mais il nous appelle à la sainteté (6). » L'apôtre saint Paul nous dit :
« Ayant donc, mes bien-aimés, de telles promesses, net-
toyons-nous de toute souillure de la chair et de l'esprit ;
achevant notre sanctification dans la crainte du Seigneur (7). » « Le Dieu de paix veuille vous sanctifier
lui-même parfaitement, et que tout ce qui est en vous,
l'esprit, l'ame et le corps, soit conservé irrépréhensible
pour l'avénement de Notre-Seigneur Jésus-Christ (8). »

La sanctification est, comme nous venons de le voir,
une œuvre commandée, et puisqu'elle est commandée,
elle est possible... Comment devons-nous y travailler? —
Par la lecture et la méditation de la parole de Dieu ; en
la lisant avec attention, nous voyons les promesses

(1) Cor. VI, 1.   (2) Matth. V, 48.   (3) Hébreux XII, 14.
(4) I. Thessal. IV, 3.   (5) Révél. XXI, 27.   (6) I. Thessal.
IV, 7.   (7) II. Cor. VII, 1.   (8) I. Thessal. V, 23.

qu'elle renferme, nous apprenons à les connaître, et cette connaissance nous délivre du péché; Jésus le prouve quand il dit : « Vous connaîtrez la vérité, et la vérité vous affranchira (1). » La sanctification est le but de l'existence de l'homme. Nous devons travailler à cette grande œuvre, justement comme le laboureur travaille à nettoyer son champ, c'est un travail qui demande toute la vie de l'homme : il peut y faire des progrès jusqu'à la fin de sa carrière terrestre. Ces paroles pourront toujours être appliquées aux plus avancés dans la sainteté : « Que celui qui est juste, devienne encore plus juste; et que celui qui est saint, se sanctifie encore davantage (2). » Dites-le moi, bien-aimés frères, travaillez-vous à cette grande œuvre? tendez-vous à la perfection? travaillez-vous à achever votre sanctification dans la crainte du Seigneur, vous nettoyant de toute souillure de la chair et de l'esprit? Examinez et jugez.

Rappelons-nous toujours que nous devons à Dieu l'obéissance, et que c'est par elle qu'il nous faut prouver notre amour pour lui. Rappelons-nous, enfin, que nous devons aimer nos semblables, et faire tout le bien possible à leurs corps et à leurs ames; voilà notre œuvre. Quand devons-nous la faire? c'est ce que nous allons voir dans notre seconde partie.

Secondement, le temps assigné pour faire cette œuvre: « Pendant qu'il est jour, il me faut faire les œuvres de

____

(1) Jean VIII, 32. (2) Révél. XXII, 12.

celui qui m'a envoyé ; la nuit vient, dans laquelle personne ne peut travailler. »

Premièrement, le temps qui nous est assigné pour accomplir notre tâche, c'est le « jour, » qui, dans le texte, désigne la période de notre vie dans ce monde. Cela posé, le « jour » désigne la durée de notre existence sur la terre ; jetons un coup d'œil sérieux et réfléchi sur la grandeur de notre œuvre : la gloire de Dieu et le salut de nos ames immortelles, salut qui est plus grand en soi que la création de tous les mondes. Jetons les yeux sur les difficultés que nous présente cette œuvre : difficultés de la part du prince des ténèbres et des puissances infernales ; difficultés de la part d'un monde vain, frivole, aveugle, insensé et plongé dans le mal, qui fait de son ventre un dieu, et met sa gloire dans ce qui sera sa confusion (1) ; difficultés de la part des soi-disant chrétiens qui ont l'apparence de la piété, mais ayant renoncé à sa force (2) ; difficultés, enfin, de la part de notre cœur, qui est « désespérément malin par-dessus toutes choses. » Oh ! rachetons donc le temps.....

Une seconde raison qui doit nous disposer à prendre soin de notre salut, c'est que « la nuit vient, dans laquelle personne ne peut travailler. » Par la nuit, dans le texte, Jésus-Christ voulait désigner sa mort prochaine ; il ne croyait pas qu'il y eût une œuvre à faire après la mort. Non, bien-aimés frères, comme elle nous trouvera, nous

(1) Philippi. III, 19.   (2) Timoth. III, 5.

resterons pour les siècles éternels ; une fois que la cloche de l'éternité aura sonné pour nous appeler à aller enrichir la terre de notre poussière, nous ne pourrons plus travailler, ni pour nous, ni pour les autres. Oh ! ne sont-elles pas solennelles ces paroles : « La nuit vient, dans laquelle personne ne peut travailler ? » Les hommes vivent comme s'ils ne devaient jamais mourir ; à les voir agir, on serait porté à croire qu'ils n'en sont pas bien persuadés. Cependant la terreur, le tremblement et l'épouvante s'emparent souvent d'eux, lorsque la mort frappe quelque coup inattendu. Les cœurs sont dans l'effroi. Mais quoique la mort tranche les hommes, et que ceux qui restent soient même blessés du coup qui a tué leurs amis, la plaie ne tarde pas à se cicatriser. Entraînés dans le tourbillon du monde, amateurs des plaisirs plus que de Dieu, ils oublient que la foudre est tombée dès que ses feux sont éteints. La trace du vol de l'oiseau ne s'efface pas plus vite dans les airs, ni le sillon du vaisseau sur les ondes, que la pensée de la mort dans les cœurs des hommes. Elle est souvent ensevelie dans le tombeau même où ils ont enfermé ceux qui leur étaient chers. Oh ! hommes raisonnables, véritables êtres doués de l'immortalité, ne penserez vous donc jamais à votre immortelle destinée !....

« La nuit vient, dans laquelle personne ne peut travailler. » La mort s'avance, le temps fuit, la conscience crie, l'enfer gronde, l'éternité va s'ouvrir. Oh ! si nous laissons les années de notre vie s'échapper comme un songe, sans penser à la chose nécessaire, que ferons-nous quand la nuit de la mort viendra? « Comment échapperons-nous si nous négligeons un si grand salut (1)? » Comment pourrons-nous subsister devant le tribunal de Christ? Encore quelques moments peut-être, et puis la nuit de la mort viendra, et alors, notre probation sera terminée et notre destinée fixée pour les siècles éternels. Elle est venue, cette terrible nuit, pour nos bien-aimées sœurs qui viennent de nous quitter; ces précurseurs ont été douloureux et consolants; douloureux, par les souffrances qu'ils ont causées; consolants, par la foi et l'espérance que nos bien-aimées sœurs ont manifestées jusqu'aux derniers moments de leur vie. Oh! si des distances infinies où elles sont passées, elles pouvaient s'échapper pendant quelques instants et venir vers nous, comme elles nous parleraient de leur bonheur, comme elles nous engageraient à les suivre. La mort a tiré le rideau qui les séparait de leur véritable patrie, elles sont entrées dans le lieu très-saint; là elles n'auront plus de faim, là elles n'auront plus de soif, là le soleil des afflictions ne frappera plus sur elles, ni aucune chaleur; car l'agneau qui est au milieu du trône, les paîtra et les conduira aux sources d'eaux vives, et Dieu essuiera toute larme de leurs yeux (2).

Vous qui pleurez la perte irréparable d'une mère chrétienne, écoutez les conseils qu'elle vous a donnés

(1) Hébreux II, 3. (2) Révél. VII, 16, 13.

lorsque vous entouriez son lit de mort. Vous avez été invités à vous réconcilier avec Dieu, à travailler à votre propre salut, à faire votre paix avec le Ciel, à suivre l'exemple de ceux qui font le bien, à vous séparer d'un « monde plongé dans le mal? » Ne lui avez-vous pas promis, lorsqu'elle était dans les douleurs de la mort, que vous choisiriez, avec Marie, la bonne part qui ne vous sera jamais ôtée?

Oui; eh bien, que Dieu vous soit en aide dans l'accomplissement de vos vœux. Et vous, chers amis chrétiens, qui pleurez la mort d'une bien chère sœur en Christ, votre perte est bien grande, nous le savons tous; mais « l'Éternel l'avait donné, l'Éternel l'a ôté, que son nom soit béni. » Consolez-vous dans la pensée, que votre perte fait son gain. Elle a marché sur les traces de son Sauveur, elle a porté sa croix, elle a été en bénédiction, elle est morte dans la paix du Seigneur; à Dieu en soit toute la gloire.

Mais il est temps que nous donnions un récit, ou plutôt une analyse de la vie et de la mort de nos bien-aimées sœurs en Jésus-Christ; nous commencerons par Madame Veniard.

Nous mentionnerons d'abord :

SA CONVERSION.

Madame Veniard, native de Landemeure, était âgée de cinquante-sept ans, elle fut convertie au Seigneur dans

sa trente-septième année. Elle avait toujours vécu mora-
lement, elle n'était pas, comme le sont plusieurs personnes, sans avoir une certaine crainte de Dieu ; elle
avait reçu, à différentes époques de sa vie, de religieuses
impressions, elle fréquentait les assemblées publiques de
la religion, elle aimait à entendre prêcher la vérité ; mais
malgré cette honnêteté morale, malgré cette crainte de
Dieu, qui semblait accompagner partout notre bien-aimée
sœur, malgré sa présence dans les moyens de grace ;
malgré, enfin, ses prières qu'elle répétait soir et matin ;
elle n'était pas, comme se l'imaginent bien des personnes
qui n'en font pas plus qu'elle, convertie au Seigneur.

Le Dieu de toute grace et l'auteur de tout don parfait,
qui ne manque jamais de moyens pour faire arriver les
choses à leur fin, se servit, pour amener notre bien
chère sœur à la connaissance de la vérité, du ministère
de notre frère, **M. P. Tourgis**, natif de Jersey, qui
prêchait alors dans ces contrées, et dont les prédications
sont encore gravées dans les cœurs de ceux qui l'enten-
daient annoncer, de toutes ses forces, la bonne nouvelle
du salut.

Le sermon sous lequel notre sœur fut vivement tou-
chée, fut prêché dans le temple de la Groudière. Là, ses
yeux furent ouverts, ses oreilles furent débouchées, le
rideau ténébreux qui lui cachait son état fut tiré ; sa vie
passée se déroula devant elle, un affreux spectacle se
présenta à sa vue, elle vit qu'elle s'était bercée dans une
fausse et trompeuse sécurité, elle aperçut l'énormité de

ses péchés ; affaissée sous un pesant fardeau qui l'accablait, tourmentée par des craintes qui la jetaient dans une sorte de désespoir, elle s'écriait souvent : « Seigneur que faut-il que je fasse pour être sauvée (1) ? » Elle resta long-temps sous la conviction du péché, éprouvant de profondes angoisses à cause de ses transgressions de la loi sainte, il lui paraissait qu'elle ne pouvait être pardonnée ; le péché lui était si hideux, qu'elle s'écriait, dans l'a—mertume de son ame : « Seigneur ! qui est-ce qui subsistera devant toi ? » Un jour qu'elle avait presque perdu tout espoir de pardon, elle se réunit à sa classe, les yeux sombres, la figure triste, le cœur navré de douleur, les jambes tremblantes ; c'était M. Tourgis qui conduisait la réunion d'expérience. Après que notre bien—aimée sœur eut raconté son état, donné un récit de ses souf-frances mentales, et exprimé son désespoir ; le conducteur répondit à son expérience, commençant par ces mots : « Bien chère sœur, je ne doute pas plus de votre salut, » que je ne doute de celui de M. Wesley. » Ces paroles, accompagnées des influences du Saint-Esprit, produisirent sur le cœur de notre sœur, une vive et profonde impres-sion, elles y apportèrent la joie et le bonheur ; elle fut rendue capable de croire du cœur à justice, et de s'aban-donner dans les bras de la miséricorde divine, pour la rémission de ses péchés; elle put se réjouir dans le Dieu de sa délivrance, et dire dans les transports d'une vive

_____

(1) Actes XVI, 30.

gratitude : « Oh ! qu'heureux est celui dont la transgres-
sion est quittée, et duquel le péché est couvert ! Oh !
qu'heureux est l'homme auquel l'Éternel n'impute point
l'iniquité, et dans l'esprit duquel il n'y a point de
fraude (1). » « Je t'ai fait connaître mon péché, et je
n'ai point caché mon iniquité. J'ai dit : Je confesserai
mes transgressions à l'Éternel ; et tu as ôté la peine de
mon péché (2). » « Et en ce jour là tu diras : Éternel !
je te célébrerai, parce que t'étant courroucé contre moi,
ta colère s'est détournée, et que tu m'as consolé (3). »
« Étant justifiés par la foi, nous avons la paix avec Dieu,
par notre Seigneur Jésus-Christ (4). » « Il n'y a donc
maintenant aucune condamnation pour ceux qui sont en
Jésus-Christ, qui marchent, non selon la chair, mais
selon l'esprit ; parce que la loi de l'esprit de vie, qui
est en Jésus-Christ, m'a affranchi de la loi du péché et
de la mort (5). » « Pour moi, disait-elle, je sais que
mon rédempteur *est* vivant, et qu'il demeurera le dernier sur la terre (6). » « C'est ce même esprit qui rend témoignage à notre esprit, que nous sommes enfants de
Dieu (7). » « Et, parce que vous êtes enfants, Dieu a envoyé dans vos cœurs l'esprit de son fils, lequel crie :
Abba, c'est-à-dire Père (8). »

(1) Ps. XXXII, 1, 2.   (2) *Idem*, v. 5.   (3) Esaïe XII, 1.
(4) Rom. V, 1.   (5) Rom. VIII, 1, 2.   (6) Job XIX, 25.
(7) Rom. VIII, 16.   (8) Gal. IV, 6.

SA VIE CHRÉTIENNE.

Elle est remarquable, sous plusieurs rapports, d'abord *pour ses combats*. Notre bien-aimée sœur, après avoir reçu le témoignage de son adoption dans la faveur de Dieu, fut excessivement éprouvée par de rudes et d'alarmantes tentations, elle put dire, avec l'apôtre: « Car ce n'est pas contre la chair et le sang que nous avons à combattre, mais c'est contre les principautés, contre les puissances, contre les princes des ténèbres de ce siècle, contre les esprits malins qui sont dans les airs (1). » Après avoir été élevée, avec Notre-Seigneur, comme sur le Tabor, il fallut en descendre, pour soutenir de terribles assauts avec les puissances infernales ; elle comprit alors, comme elle ne l'avait jamais fait auparavant, les paroles que Jésus-Christ adressa à saint Pierre, quand il lui dit: « Simon, Simon, voici : Satan a demandé à vous cribler comme on crible le blé (2). » Des combats au dehors, des craintes au dedans, des tempêtes qui s'élevaient contre elle de toutes parts, des vagues mugissantes venaient se briser sur sa pauvre nacelle, qui se trouvait alors exposée sur la mer orageuse de ce monde corrompu ; tantôt dans le calme, tantôt au milieu des ouragans qui soufflaient sur elle avec une force mystérieuse ; il lui semblait, dans plusieurs circonstances,

(1) Ephési VI , 12.　(2) Luc XII , 31.

qu'elle allait sombrer pour ne plus voir le jour ; mais Jésus avait prié pour elle, comme il fit pour saint Pierre, avant qu'il eût été tenté (1). Aussi notre bien-aimée sœur a pu « subsister dans le mauvais jour, et demeurer ferme (2). » Mais elle eut des afflictions d'une autre nature, qu'on peut appeler relatives ; elle fit la perte douloureuse de son mari, qui fut frappé au milieu de ses jours. Notre sœur sentit que cette mort faisait une brèche dans sa maison, que rien de mortel ne pouvait remplir. Mais que dirons-nous? La fournaise de l'épreuve n'est pas éteinte ; à la mort de son mari vient se joindre celle d'un de ses fils, âgé de 26 ans ; mort terrible! mort inopinée! un matin, son frère le trouva mort à son côté. Quelle douleur pour la mère! elle venait de perdre son mari, ses cendres fumaient encore ; elle perd son fils. Oh! mort, que tu es inexorable!.... Depuis ces terribles secousses, notre sœur ne fut plus la même, ce choc l'écrasa, et sa santé se trouva délabrée ; mais malgré toutes ces souffrances physiques et mentales, elle fit toujours l'heureuse expérience de ces paroles : « Or, nous savons que toutes choses concourent ensemble au bien de ceux qui aiment Dieu (3). » « Car notre légère affliction du temps présent produit en nous le poids éternel d'une gloire infiniment excellente (4). »

(1) Luc XII, v. 32.   (2) Ephés. VI, 13.   (3) Rom. VIII, 26.
(4) II. Cor. IV, 17.

SON DÉVOUEMENT.

La régularité de notre bien-aimée sœur aux moyens de la grace, ne doit pas être passée sous silence. Rongée du zèle de la maison de Dieu, elle obéissait à cette exhortation de l'apôtre : « N'abandonnant point nos assemblées, comme quelques-uns ont coutume de le faire, mais nous exhortant les uns les autres, et cela d'autant plus que vous voyez approcher le jour (1). » Il ne fallait rien moins qu'une nécessité absolue, pour l'empêcher de se rendre dans la maison de Dieu, afin de l'y louer avec tous ses amis chrétiens ; elle savait remplir ses devoirs dans la vie civile et sociale, sans cependant négliger les ordonnances sacrées ; aussi elles étaient pour son ame, une source intarissable de joie. On peut dire sans craindre d'exagérer l'expression, qu'elle était à cet égard, « la lumière du monde, et le sel de la terre. » Elle se rendait au culte public avec une ame affamée et altérée des biens spirituels ; écoutant la prédication de l'évangile avec une religieuse attention ; ayant les yeux de sa foi fixés sur Jésus, elle éprouvait la réalisation de ces paroles : « Heureux ceux qui ont faim et soif de la justice, car ils seront rassasiés (2). » Elle disait avec le poète :

Que ne puis-je, ô mon Dieu? Dieu de ma délivrance,
Remplir de ta louange et la terre et les cieux ;
Les prendre pour témoins de ma reconnaissance,
Et dire au monde entier combien je suis heureux.

(1) Hébreux X, 25.   (2) Matth. V, 6.

L'assiduité de notre sœur aux moyens de la grace, qui ne s'est jamais démentie, ne pourrait-elle pas donner de salutaires leçons, à ce grand nombre de personnes qui, tout en faisant profession d'être chrétiennes, peuvent abandonner le service de Dieu sans en avoir de remords, sans croire qu'elles sont dans l'erreur, et qu'elles pèchent directement contre ces paroles : « N'abandonnant point nos assemblées. » Leur faux repos, à cet égard, ne démontre-t-il pas jusqu'à l'évidence que, si elles ont été chrétiennes, elles sont actuellement déchues de la grace (1)? Oh! puissent-elles entendre cette voix miséricordieuse qui leur crie, de la part de Dieu : « Réveille-toi, toi qui dors, et te relève d'entre les morts, et Christ t'éclairera (2). »

SA CHARITÉ ÉVANGÉLIQUE.

D'abord pour ses enfants. — Elle a été au milieu de sa famille, comme une mère chrétienne doit y être ; lisant la bonne parole de vie, exhortant les siens à se donner au Seigneur, leur montrant le danger qu'il y a en remettant son salut à un autre jour, en sacrifiant sa jeunesse au monde et à ses plaisirs, les terribles conséquences d'une vie passée dans le péché, le sort des réprouvés dans l'autre monde. Elle tâchait de leur faire bien comprendre que la religion fait des heureux, et qu'il faut obéir à Jésus-Christ, quand il nous dit : « Mais cherchez premièrement

____

(1) Galat. V. 4. (2) Ephés. V, 14.

le royaume des cieux et sa justice, et toutes ces choses vous seront données par-dessus (1). » Elle était une ame de prière ; un jour qu'elle s'entretenait avec un ami , elle disait , en montrant son étable : Oh! si ces murailles pouvaient articuler des mots, si elles pouvaient parler , elles diraient combien de fois j'ai été là, seule avec mon Dieu , lui exposant mes besoins , ceux de ma famille , ceux de l'Église et ceux du monde ; elles diraient , ces murailles, combien de fois j'ai pu m'écrier , lorsque j'épanchais mon ame devant mon Sauveur : Que ce lieu est vénérable! c'est ici la maison de Dieu , et c'est ici la porte des cieux (2). »

Sa charité pour les enfants de Dieu. — Elle avait pour eux un amour tout particulier , elle montrait toujours la plus grande affection pour les « ambassadeurs de Christ (3). » On peut dire , sans craindre de se tromper , qu'elle obéissait au conseil de l'apôtre , quand il dit : « Au reste, mes frères, nous vous prions d'avoir en considération ceux qui travaillent parmi vous, et qui président sur vous selon le Seigneur , et qui vous exhortent. Ayez pour eux le plus grand amour , à cause de l'œuvre qu'ils font (4). » Elle appréciait leurs conversations , elle y puisait de nouvelles lumières , elle y était édifiée et bénie, sa foi y a été plusieurs fois fortifiée ; elle les considérait comme des messagers de paix , comme les envoyés du Seigneur. Elle avait un attachement tout particulier pour

(1) Matth. VI , 33.   (2) Genèse XXVIII , 17.   (3) II. Cor. V, 20.   (4) I. Thessal. V , 12 , 13.

ses frères et ses sœurs en Jésus-Christ ; on l'entendait souvent répéter les paroles de Ruth à Nahomi, sa belle-mère : « Ne me prie point de te laisser pour m'éloigner de toi ; car j'irai où tu iras, et je demeurerai où tu demeureras ; ton peuple sera mon peuple, et ton Dieu sera mon Dieu (1). » Pendant vingt ans, elle a édifié tous ceux avec lesquels elle a pu s'entretenir ; ses conversations portaient le cachet d'une ame vraiment chrétienne, mais aussi d'une ame qui avait passé par des fournaises ardentes. Ces paroles d'un de nos cantiques lui étaient bien applicables.

Heureux, quand sous les coups de ta verge fidèle,
Avec amour battu, je souffre avec amour ;
Pleurant, mais sans douter de la main paternelle ;
Pleurant, mais sous la croix ; pleurant, mais pour un jour.

Heureux, lorsque attaqué par l'ange de la chute,
Prenant la croix pour arme et l'agneau pour Sauveur,
Je triomphe à genoux ; et sors de cette lutte
Vainqueur, mais tout meurtri ; tout meurtri, mais vainqueur.

Les discours d'une personne qui avait été si éprouvée, ne pouvaient manquer d'être en édification aux ames pieuses. Elle était au milieu de l'église de Landemeure, comme une mère en Israël ; un très-grand nombre de personnes rendent témoignage du bien, des lumières, des consolations, des encouragements et des répréhensions

____
(1) Ruth 1, 16.

salutaires, qu'elles ont trouvées dans les conversations chrétiennes de notre chère sœur, que nous regrettons.

Elle aimait à parler et à s'entretenir des choses invisibles; les discours qui roulaient sur l'expérience chrétienne, lui étaient toujours bien précieux; de là le grand prix qu'elle attachait aux conférences religieuses; elle savait dire « je, » et non pas « vous » et « il. » Nous rencontrons bien des gens qui ne refusent pas de parler sur des matières religieuses; mais ils ne veulent pas employer le pronom « je, » il faut qu'ils parlent à la seconde ou à la troisième personne; c'est, disent plusieurs, un orgueil de parler de soi. Voilà les réunions d'expériences jugées, et la sentence prononcée : c'est de l'orgueil..... Mais comme nous ne croyons pas que le jugement soit sans appel, nous en dirons deux mots, et nous demanderons à ceux qui combattent les classes, avec tant d'acharnement, autrement dites, les réunions d'expérience chrétienne :

Est-ce un orgueil de parler de son état primitif, de sa déchéance, de la profondeur de sa chute, de la corruption du cœur, du désordre et des vices qui se trouvent dans les affections et dans les volontés?

Est-ce un orgueil de parler de la repentance, de la foi, de la régénération, de l'adoption dans la famille de Dieu, de la sanctification par les influences et le baptême du Saint-Esprit?

Est-ce un orgueil de parler du salut par grace, par

la foi, comme il nous est offert dans l'Évangile ? Nous ne le pensons pas.

Est-ce un orgueil de dire avec David : « Venez vous tous qui craignez Dieu, et je vous raconterai les grands bienfaits qu'il a fait à mon ame ? »

Est-ce un orgueil d'obéir à saint Paul, quand il nous dit : « Portez les fardeaux les uns des autres, et accomplissez ainsi la loi de Christ (1). » « Et prenons garde les uns aux autres, pour nous exciter à la charité et aux bonnes œuvres (2). »

Enfin, nous le demandons, est-ce un orgueil si les chrétiens suivent l'exemple des juifs, qui vivaient dans les jours du prophète, et dont Malachie parle en disant : « Alors ceux qui craignent l'Éternel ont parlé l'un à l'autre, et l'Éternel a été attentif et l'a entendu, et un livre de mémoire a été écrit devant lui pour ceux qui craignent l'Éternel, et qui pensent à son nom (3)? » Non, mille fois non, ce n'est point un orgueil ; ces réunions sont des plus salutaires ; et pour nous, nous dirons avec saint Jean : « Car quiconque fait le mal hait la lumière ; de peur que ses œuvres ne soient reprises ; mais celui qui agit selon la vérité, vient à la lumière, afin que ses œuvres soient manifestées, parce qu'elles sont faites selon Dieu (4). »

Notre sœur ne parlait jamais contre personne ; si elle

(1) Gal. V, 2. (2) Hébreux X, 24. (3) Malach. III, 16 (4) Jean III, 20, 21.

entendait quelques-uns le faire, elle les reprenait en les exhortant à être miséricordieux, à pardonner leurs frères, comme ils avaient été pardonnés par Christ. Elle savait couvrir les infirmités des autres, par une charité évangélique, et les aimer comme Christ l'avait aimée elle-même. Chers et bien-aimés frères, efforçons-nous de marcher sur les traces de notre sœur qui n'est plus dans ce monde ; prouvons que nous sommes nés de Dieu, en tendant la main à tous ceux qui aiment Jésus-Christ en sincérité de cœur.

SA MALADIE ET SA MORT.

Sa maladie. — Ce fut dans la nuit de **1844** à **1845**, que notre sœur fut frappée de sa maladie mortelle. Ses enfants, et une partie de nos amis de Landemeure, étaient allés à Fresnes, pour y finir l'année, comme c'est la coutume dans l'église Wesleyenne. Les personnes qui furent appelées à secourir notre bien-chère sœur, la première nuit de sa maladie, furent très-édifiées ; elle priait avec une grande ferveur, implorant la bénédiction d'en-haut sur elle, et sur la réunion qui avait lieu à Fresnes. Le 2 janvier, comme elle se trouvait fort mal, elle envoya me chercher à Fresnes, où je m'étais proposé de passer encore quelques jours ; je me rendis immédiatement à Landemeure, j'y arrivai vers le soir ; je trouvai notre sœur couchée sur son lit, dans de grandes souffrances ; ayant passé quelques minutes en parlant de la nature de sa maladie, nous parlâmes des choses spirituelles ; elle exprima le grand regret qu'elle avait de ne pouvoir pas assister à la prédication du soir, tout en étant résignée à la volonté de Dieu ; nous chantâmes, à sa requête, quelques cantiques, ensuite nous priâmes ensemble. Le Seigneur fut présent au milieu de nous, nous reçûmes une grande bénédiction ; notre sœur se trouva tellement fortifiée dans son ame, qu'elle dit : « Oh ! » peut-être pourrai-je encore aller cette fois à la prédi- » cation, il me semble que je suis un peu mieux. » En effet, par une intervention providentielle, elle eut une trève, se sentant beaucoup mieux, elle se fit conduire, par un de ses fils, dans la maison d'un de nos amis, où nous eûmes le service. Nous commençâmes par la réunion d'expérience, et ensuite, la prédication ; notre sœur assista, pour la dernière fois, à ces deux assemblées, et s'y trouva beaucoup bénie ; elle fut portée à faire de profondes réflexions en entendant prêcher sur ce texte : « Et le roi étant entré pour voir ceux qui étaient à table, aperçut un homme qui n'avait pas un habit de noces. Et il lui dit : « Mon ami, comment es-tu entré ici sans avoir un habit de noces? Et il eut la bouche fermée (1). » Le lendemain, nous visitâmes notre sœur, nous la trouvâmes souffrante, mais heureuse en Dieu. Elle avait déjà le pressentiment qu'elle ne se relèverait pas, elle faisait ses adieux à quelques amis qui étaient venus la voir de loin. Elle a passé par de rudes souffrances, on peut même dire par d'a-

(1. Matth. XXII, 11, 12.

larmantes agonies; elle a été tentée par le prince des ténèbres, jusqu'au dernier moment de sa vie; mais elle a toujours
été ferme et inébranlable dans le Seigneur; elle employait
ses dernières forces à exhorter ses chers enfants, qui lui
prodiguaient leurs soins. « Suivez, leur disait-elle, avec
une force étonnante, qui venait d'une profonde conviction, « suivez les sentiers du Seigneur, séparez-vous du
» monde; il n'y a de bonheur qu'en Dieu, approchez-
» vous de ses enfants, prenez ma place dans son Eglise. »
Elle avait, au milieu de ses combats et de ses souffrances,
de si puissantes manifestations de l'amour de Dieu, qu'elle
se trouvait comme si elle eût été en face de son Sauveur.
« Dieu est amour, disait-elle, Dieu est amour! oh! oui,
» il est un Dieu d'amour! »

Le 16 janvier, elle fut visitée par quelques chrétiens;
ce fut pour eux tous un jour de bénédiction. Les amis qui
venaient de passer quelque temps en prière avaient, bien
sincèrement sans doute, parlé de sa piété et de son dévouement dans le service du Seigneur; mais notre bien-
aimée sœur, qui savait que tout cela vient de Dieu, dit :
« Mes amis, il ne faut pas parler ainsi de moi, il ne faut
» pas me donner de louanges, je n'en mérite point; nous
» sommes sauvés par grace, je ne mérite rien; je suis ce
» que je suis par la grace de Dieu; je meurs une pauvre
» pécheresse sauvée par les mérites de Jésus-Christ (1). »
Cela démontre, d'une manière bien positive, que notre

(1) Voilà l'hérésie, comme le disent nos bien-aimés adversaires,
dans laquelle les doctrines Wesleyennes conduisent les ames.....

bien-aimée sœur comprenait le salut tel qu'il nous est offert dans l'Evangile. Le dimanche 23 janvier, elle fut encore visitée par notre frère Frédéric Prunier, prédicateur local, dont les instructions religieuses ont été sanctifiées pour l'édification de notre bien chère sœur. Elle fut si bénie ce jour là, qu'on put encore tenir les réunions chez elle ; on entendit sortir de sa bouche ces remarquables paroles : « Tout est lumière ; » elle ne voulait s'entretenir que du Ciel, sa céleste patrie. « J'aime le » Seigneur, disait-elle, j'aime notre cher Pasteur, j'aime » nos chers amis de Fresnes ; oh ! que le Seigneur est » bon!.... » Le 9 mars, quelques amis la visitèrent ; elle était faible et souffrante, mais heureuse dans la paix de Dieu ; elle put encore jouir du chant et des prières. Le cantique qu'elle fit chanter fut celui-ci :

Sainte cité ! demeure ravissante !
Palais sacré qu'habite le grand Roi !
Où doit régner une paix permanente,
Quoi de plus doux que de penser à toi !

Dans tes parvis tout n'est plus qu'allègresse ;
Chants de triomphe, ineffables plaisirs :
Là plus de deuil, plus de maux, de tristesse ;
Là plus d'ennuis, de langueurs, de soupirs.

Tes habitants ne craignent plus d'orage :
Ils sont au port, ils y sont pour jamais ;
Un calme entier devient leur doux partage :
Dieu, dans leur cœur, verse un fleuve de paix.

De quel éclat Jésus les environne !
Ah ! je les vois tout brillants de clarté ;

Rien ne saurait y flétrir leur couronne :
Leur vêtement est l'immortalité.

Pour eux , Seigneur, il n'est plus d'inconstance ,
Tout est soumis au joug de ton amour ;
L'affreux péché n'a plus là de puissance ;
Tout te célèbre en cet heureux séjour.

Le 10 mars , notre bien-aimée sœur , sentant que sa fin approchait rapidement , dit d'une voix grave et solennelle : « Il faut que je prenne mon habit de noces ; » faisant sans doute allusion au dernier sermon qu'elle avait entendu sur ces paroles : « Et le roi étant entré pour voir ceux qui étaient à table, aperçut un homme qui n'avait pas un habit de noces. Et il lui dit : Mon ami, comment es-tu entré ici sans avoir un habit de noces ? Et il eut la bouche fermée (1). » Comme ses chers enfants lui prodiguaient leurs soins , et pleuraient sur le sort de leur tendre mère , on l'entendit dire : « Je suis mieux traitée que » mon Sauveur ne l'a été ; il avait sur la tête une couronne d'épines, il était abreuvé de fiel et de vinaigre ; » mais moi , je n'ai que des douceurs. »

Le mercredi 12 mars , fut sa dernière journée dans ce monde , mais ce fut aussi la plus terrible de toutes ; notre chère sœur passa par d'effrayantes agonies , mais elle ne perdit jamais sa confiance. A la suite d'une de ses crises, se trouvant épuisée , elle réunit encore assez de force pour demander à ses enfants : « Les traits de la mort ne sont-

(1) Matth. XXII. 11. 12.

ils pas peints sur mon visage ? » Ils répondirent : Non, maman, mais prends courage, tes souffrances vont bientôt finir, peut-être même plus vite que tu ne le crois. Bientôt après, voyant qu'elle allait quitter ce monde, elle éleva les mains vers le Ciel , comme un signe de son triomphe, puis elle les étendit vers ceux qui l'entouraient, les agitant fortement, mais sans pouvoir articuler un mot ; on comprit qu'elle voulait dire : C'est fini ! c'est fini ! C'est ainsi que notre chère sœur ferma les yeux aux scènes de cette vie de misères, dans la ferme espérance de les rouvrir un jour aux brillantes scènes de l'éternité. Puissent les conséquences de notre mort être semblables aux siennes ! Amen.

Quand nous jetons les yeux sur notre triste humanité, et que nous considérons ce monde où gémissent tant de douleurs, où se versent tant de larmes, et où se font sentir tant de fléaux, nous pouvons bien dire avec Job : « L'homme né de femme est d'une vie courte et plein d'ennui. Il sort comme une fleur, puis il est coupé ; il s'enfuit comme une ombre, et il ne s'arrête point (2). »

Nous avons maintenant à nous occuper de la vie et de la mort de Mademoiselle Adeline Gautier ; nous pouvons dire avec l'écrivain sacré : « Elle a rendu l'esprit, son soleil lui est couché pendant qu'il était encore jour (1). » Nous suivrons le même plan que nous avons fait pour Madame Veniard ; nous croyons que c'est plus utile de

(1) Jérémie XV, 9.   (2) Job XIV. 1 , 3.

séparer ainsi les différentes phases de leur séjour dans ce monde, et que cela peut concourir à l'édification des lecteurs, le seul but que nous ayons en vue en publiant ces biographies.

Nous mentionnerons d'abord :

SA CONVERSION.

Mademoiselle Adeline Gautier était âgée de 42 ans. Née à Colombert, elle perdit sa mère à l'âge de six ans ; elle fut mise en nourrice et élevée par sa grand'mère, Madame Adeline Gautier, qu'elle perdit aussi à l'âge de 18 ans. Après avoir été quelque temps en pension à Caen, M. Rollin, Pasteur dans cette ville, conseilla à son tuteur de la faire passer chez Madame Mahi, à Beuville ; elle y alla et y resta trois ans ou environ. Notre sœur Adeline avait, avant sa conversion à la vérité, une conduite bien morale. La sobriété, l'honnêteté, la droiture, un extérieur de religion, la lecture de la Bible, sa présence dans les lieux du culte, étaient des choses dont tous ceux qui l'entouraient pouvaient lui rendre un bon témoignage. On appelle cela aujourd'hui, une vie chrétienne... Mais elle n'en était pas moins un enfant de colère, sous la condamnation, en danger de périr. Combien n'y a-t-il pas d'hommes qui raisonnent comme le Pharisien, qui prennent une place parmi les enfants de Dieu, tandis qu'ils n'ont ni part, ni portion à l'alliance de grace. Ils se félicitent d'être exempts des désordres qui ont cours dans le

monde ; si on les presse de se convertir, ils disent : Nous ne
sommes point comme le reste des hommes , qui sont injustes, ravisseurs, adultères, médisants , trompeurs.....
Quand nous déclarons à ces personnes, au nom du Seigneur , qu'elles sont injustes , haïssables , en danger de la
géhenne , elles nous taxent de rigoristes. Mais la vérité ,
qui doit les juger un jour, reste la même (1).

Le moyen dont Dieu se servit pour amener notre sœur
Adeline au chemin de la vie, fut notre bien-aimé Frère ,
M. P. Tourgis, qui prêchait alors à Beuville. Le sermon
fit sur elle une si vive impression , qu'elle ne pouvait
avoir de repos, ni jour, ni nuit. Elle resta long-temps
sans pouvoir trouver la paix de Dieu , elle doutait même
si elle pourrait jamais recevoir la rémission de ses péchés ;
mais persévérant à chercher la paix de l'Evangile, à
plaider les mérites de Jésus-Christ , encouragée par les
conseils que lui donnait alors notre frère Tourgis , ses
jours d'orage et de trouble , de tristesse et de remords ,
d'agitations et d'angoisses , furent éclaircis ; les ténèbres
qui lui cachaient le soleil de la vie se dissipèrent ; elle
vit , par la foi , « l'Agneau de Dieu qui ôte les péchés du
monde (2). » Elle comprit alors , par une heureuse expérience , la vérité de ces paroles : « Sachez donc , mes
frères , que c'est par lui que la rémission des péchés vous
est annoncée , et que c'est par lui que tous ceux qui
croient sont justifiés de toutes les choses dont vous n'a-

1 Matth. V, 20. (2) Jean 1 , 20.

vez pu être justifiés par la loi de Moïse (1). » Elle pouvait dire avec le poète chrétien :

Heureux, toujours heureux ! j'ai le Dieu fort pour père,
Pour frère, Jésus-Christ ! pour conseil, l'Esprit-Saint !
Que peut ôter l'enfer, que peut donner la terre
A qui jouit du ciel et du Dieu trois fois saint ?

SA VIGILANCE CHRÉTIENNE.

Notre bien-aimée sœur était remarquable pour son
assiduité aux moyens de grace ; animée d'un saint zèle
pour la gloire de son Sauveur, l'impossibilité seule pouvait l'empêcher de se rencontrer avec ceux qui invoquaient
l'Éternel. Quand on lui parlait des ordonnances du Seigneur, c'était l'entretenir d'une grande fête. Elle pouvait
dire, non pas avec des lèvres menteuses, mais en vérité :
« Éternel ! j'aime la demeure de ta maison, et le lieu
où est le pavillon de ta gloire (2). » « Mon ame a soif
de Dieu, du Dieu fort et vivant. Quand entrerai-je et
me présenterai-je devant la face de Dieu (3) ? » Ni la
neige, ni la glace, ni les tempêtes, ni les orages, ni la
distance, rien ne pouvait la garder éloignée de l'église
du Seigneur, lorsque le service divin y était célébré.
Nous avons été témoins de ce que nous disons du zèle
et du dévouement de notre sœur Adeline ; malgré l'état
de sa mauvaise santé, elle était, lorsque nous arrivions

(1) Actes XIII, 38, 39. (2) Ps. XXVI. 8. (3) Ps. XLII, 3.

dans Périers, le messager qui courait dans le village, pour annoncer le service qui allait avoir lieu. Son sérieux, son attention, sa gravité, son esprit de recueillement, étaient remarquables dans la maison de Dieu ; aussi il y avait bien peu de mots dans les sermons qu'elle entendait, qui pussent lui échapper. Quel contraste ne formait-elle pas avec ces hommes qui tournent la tête toutes les fois qu'il entre une personne dans un lieu de culte? Chose qu'on ne peut assez blâmer, ni déplorer, qui cause un mal inconcevable dans les assemblées religieuses. Comment, nous le demandons, ces esprits distraits, ces ames évaporées, ces cœurs partagés, peuvent-ils profiter des sermons qu'ils entendent? Ils ne le peuvent, la chose est impossible. Puissent ceux qui se rendent coupables d'un si cruel abus, d'une si grande frivolité dans la maison de Dieu, devenir plus sérieux, et cesser d'être en achoppement aux ames pieuses....... Alors ils obéiront à Jésus-Christ, qui dit : « Prenez-donc garde de quelle manière vous écoutez (1). » Ils suivront l'exemple de notre sœur qui pouvait dire avec saint Paul : « Soyez mes imitateurs, comme je le suis aussi de Christ (2). »

SA PHILANTHROPIE CHRÉTIENNE.

Après avoir passé quelque temps à Beuville, et fait la connaissance de Mademoiselle Lucas de Périers ; elle

(1) Luc VIII, 18   (2) 1. Cor. XI, 1.

trouva que les conversations de cette nouvelle amie,
étaient bénies pour la prospérité de son ame, qu'elles lui
découvraient plus que jamais, le néant du monde, la
vanité des trésors de ce siècle, la folie de ceux qui s'y
attachent, les tourments qu'ils s'attirent, et les dangers
auxquels ils s'exposent. Toutes ces vérités sont bien décrites
et bien prouvées par l'apôtre, quand il dit : « Mais ceux
qui veulent devenir riches tombent dans la tentation et
dans le piége, et dans plusieurs désirs insensés et per-
nicieux, qui plongent les hommes dans la ruine et dans
la perdition. Car l'amour des richesses est la racine de
toutes sortes de maux ; et quelques-uns les ayant re-
cherchées avec ardeur, se sont détournés de la foi, et
se sont eux-mêmes embarrassés dans bien du tour-
ment (1). » Notre sœur Adeline exprima le désir d'aller demeurer avec Mademoiselle Lucas, elle y alla, et
y est restée jusqu'à sa mort. Arrivée dans sa nouvelle
demeure, elle voulut, autant qu'elle le pouvait, suivre
l'exemple de son amie ; là elle fut convaincue qu'elle
devait donner aux pauvres, comme elle ne l'avait jamais
fait auparavant. Désabusée des vanités et des folies trom-
peuses du monde, elle s'occupait à distribuer du pain à
ceux qui avaient faim, des vêtements à ceux qui étaient
nus. Pénétrée de la pensée de la mort, son cœur avait
été gardé de ce funeste attachement au monde qui ne
sert qu'à dessécher l'ame..... La charité de notre sœur

(1) 1. Timo. VI, 9, 10, et aussi. Jacques V, 1, 3.

ne connaissait point de limite, elle ne cessait de faire du bien, elle ne croyait jamais en avoir fait assez. Nous nous la représentons allant de maison en maison, donnant le pain pour le corps, et offrant le pain spirituel aux ames, les dirigeant au Seigneur Jésus-Christ ; et, qu'on le comprenne bien, elle faisait tout cela avec joie, comme un devoir, sans s'en attribuer aucun mérite. Vous, riches de ce monde, auxquels Dieu a donné des biens, ne soyez point, nous vous en conjurons, ne soyez point superbes, dans votre élévation, ni avares dans votre abondance ; apprenez à faire part de vos biens, à être prompts à donner, et à vous amasser ainsi pour l'avenir un trésor placé sur un bon fonds, afin d'obtenir la vie éternelle (1) ; par les mérites de Christ qui peut seul sanctifier toutes vos actions.

Notre sœur Adeline avait un amour tout particulier pour les ames ; on voyait en elle l'explication de ces paroles de l'apôtre : « La charité de Christ nous presse. » Elle désirait que tous ses semblables goûtassent le bonheur de la religion. Poussée par la charité divine, elle allait de maison en maison, de village en village, de campagne en campagne, pour répandre, autant qu'il était en son pouvoir, la connaissance de l'Évangile. Elle a montré une louable libéralité dans le soutien qu'elle a accordé aux missions chrétiennes ; enfin, elle n'a rien épargné, ni pour les pauvres, ni pour le salut des ames dans ses

____

(1) I. Timo. VII, 18, 19.

contrées , ni pour la prospérité de l'Évangile dans les pays lointains.....

Oh ! si ceux qui ont des biens de ce monde voulaient donner à proportion de ce qu'ils ont reçu du Seigneur, les 600,000,000 d'ames qui sont encore privées d'entendre la bonne nouvelle du salut , seraient bientôt évangélisées. Puisse le grand chef de l'Église , faire briller sur eux , les rayons de l'éternel soleil , afin qu'ils apprennent à connaître leurs devoirs envers Dieu , leurs devoirs envers eux-mêmes , et leurs devoirs envers tous leurs semblables. Alors , ils seront les imitateurs de ceux qui font le bien , comme l'a été notre bien-aimée sœur , durant toute sa vie chrétienne.

SA MALADIE ET SA MORT.

Sa maladie a duré quatre mois, sans présenter une grande variété, quelques jours avant sa mort exceptés. Dans le commencement de son affliction , elle eut de grandes manifestations de la présence du Seigneur à son ame ; elle a toujours été soumise et résignée à la volonté de Dieu. Nous l'avons visitée depuis le commencement de sa maladie jusqu'à la fin, et nous l'avons toujours trouvée la même , heureuse dans la paix et dans la communion de son Sauveur ; ses conversations étaient édifiantes, et respiraient la saveur de l'Evangile.

Le 13 mars , nous fûmes appelés à lui donner le sacrement; nous nous rendîmes chez elle, ainsi que quelques amis qui le prirent avec nous. Notre sœur fut très-heureuse, ce fut un jour de bénédiction pour nous ; la cène que nous prîmes ensemble sera mémorable, nous l'espérons, jusque dans l'éternité. Après que nous eûmes chanté ces vers :

Oh ! bonheur ineffable !
Dieu n'est plus irrité.
Il pardonne au coupable
Contre lui révolté.
Pour porter nos forfaits,
Pour sceller notre paix,
Jésus s'est présenté.

Au trône de la grace
Si nous levons les yeux,
Nous rencontrons la face
D'un Sauveur glorieux.
Il est notre avocat ;
Pour les siens il combat,
Toujours victorieux.

Dans le livre de vie
Il a placé nos noms ;
Sans cesse il nous convie
A savourer ses dons.
Gardés par son pouvoir,
Nourris d'un saint espoir,
En paix nous cheminons.

nous priâmes ensemble, et notre bien-aimée sœur Adeline parla en ces termes : « Je viens de communier pour la

» dernière fois ; j'ai trouvé beaucoup de bien à mon ame,
» ma foi a été fortifiée et mon espérance affermie ; je ne
» doute pas de mon bonheur. » Nous lui demandâmes,
pour l'édification de ceux qui étaient présents : Quel est
donc le fondement de votre espérance, pour que vous
puissiez, en face de la mort, déjà un pied dans le tombeau, exprimer une telle certitude ? Elle répondit d'une
voix dégagée : « Ce sont les mérites de Jésus-Christ seu-
» lement ; il est mon Sauveur, je vais quitter la terre
» pour le Ciel ; « je suis à mon bien-aimé, et mon bien-
» aimé est à moi ; » j'ai trouvé beaucoup de bien sous
» vos prédications, mon ame y a été nourrie et éclairée ;
» oh ! prêchez toujours la vérité, comme vous le faites,
» et le Seigneur bénira vos travaux..... »

Le 14 mars, notre sœur sentit qu'elle s'en allait rapidement vers « la maison que Dieu a assignée à tous les
vivants ; » ses souffrances augmentèrent, elle ne put parler que par intervalles ; elle eut quelques doutes, mais ils
se dissipèrent en « regardant à Jésus, le chef et le con-
sommateur de la foi (1). » Ses dernières paroles furent
celles-ci : « Viens, Seigneur Jésus, viens ; oh ! oui, mon
» Sauveur, viens. » Ainsi finirent les travaux, les angoisses, les souffrances et les conflits de notre bien-aimée
sœur, qui s'est endormie en paix.

Oh ! puissions-nous suivre l'exemple de ces bien chères

(1) Hébreux XII, 2.

sœurs ; puissions-nous vivre de la vie des justes, pour que notre fin soit semblable à la leur.

Et toi, mon Dieu, qui tiens les cœurs des hommes dans tes mains, tu veux toujours te servir des choses faibles pour confondre les fortes ; veuille donc bénir les vérités que nous venons d'entendre, pour ta gloire, pour l'honneur de ta parole, pour la louange de Jésus-Christ, pour la conversion des pécheurs, pour la consolation et l'édification de ceux qui craignent ton nom ; et nous dirons, du fond de notre cœur : « Non point à nous, Seigneur, non point à nous, mais à ton nom, donne gloire. » Amen.

Ah ! pourquoi l'amitié gémirait-elle encore
Sur ceux qui dans l'exil comme nous dispersés,
D'un jour consolateur ont vu briller l'aurore,
Et que vers Canaan Dieu lui-même a poussés ?
Affranchis avant nous du mal qui nous dévore,
Ils ne sont pas perdus, ils nous ont devancés.

Qu'il est doux, dans les cieux, le réveil des fidèles !
Qu'avec ravissement, autour de Dieu pressés,
Ils unissent au son des harpes immortelles,
Les hymnes d'amour ici-bas commencés !
Amis, joignons nos voix à leurs voix fraternelles ;
Ils ne sont pas perdus, ils nous ont devancés.

Puisse la même foi qui consola leur vie,
Nous ouvrant les sentiers que leurs pas ont pressés,
Diriger notre essor vers la sainte patrie,
Où leur bonheur s'accroît de leurs travaux passés ;

Et rendre à notre amour ces cœurs dignes d'envie,
Qui ne sont pas perdus, mais nous ont devancés.

Quand le bruit de tes flots, l'aspect de ton rivage,
O Jourdain ! nous diront, vos travaux ont cessé !
Au pays du salut conquis par son courage,
Jésus nous recevra triomphants et lassés,
Près de ces compagnons d'exil et d'héritage,
Qui ne sont pas perdus, mais nous ont devancés.